Petra Klose

W0348399

# Für Weltretter

## 17 Ziele für unsere Erde

Mit Bildern von
Alexander von Knorre

CARLSEN

# Die Welt, die wir uns wünschen

Max aus Bochum

Mohammed aus Hamburg

Fares und Amal aus Syrien

Ich wünsche mir, mich einmal richtig satt essen zu können.
Yusra aus Somalia
Ich wünsche mir, dass mein Bruder gesund wird.
Ripa aus Bangladesch
Ich wünsche mir fließendes Wasser und eine Toilette.
Sheru aus Indien
Ich wünsche mir eine Schule in der Nähe, damit ich nicht mehr zwei Stunden dorthin zu Fuß gehen muss.
ESCOLA
Maria aus Mexiko

# Unsere Welt verändert sich

Kannst du dir vorstellen, dass die meisten Menschen noch kein Handy hatten, als deine Eltern klein waren? Die Welt hat sich sehr verändert und sie verändert sich immer schneller. In den letzten Jahren haben Forscher Medikamente gegen viele Krankheiten entwickelt. Bei uns und in anderen reichen Ländern leben die Menschen länger als früher, weil sie genug zu essen haben und gut für ihre Gesundheit gesorgt ist. Diese reichen Länder nennt man **Industrieländer.** Sie heißen so, weil viele Dinge in riesigen Mengen und mithilfe von Maschinen, also industriell erzeugt werden. In armen Regionen wie etwa Brasilien, Indien und vielen Ländern Afrikas haben die meisten Menschen viel weniger Geld und oft nicht einmal genug zu essen.

*Reichtum und Wohlstand sind auf der Welt ungerecht verteilt.*

Arme Länder, in denen die meisten Menschen mit deutlich schlechteren Lebensbedingungen zurechtkommen müssen, nennt man **Entwicklungsländer.**

*Heute leben dreimal so viele Menschen auf der Welt wie vor 70 Jahren.*

Die Zahl der Menschen auf der Erde, also die Weltbevölkerung, wächst. Das liegt daran, dass in Entwicklungsländern viele Kinder geboren werden und die Menschen in den reichen Ländern immer älter werden. 1950 lebten 2,5 Milliarden Menschen auf der Erde, heute sind es dreimal so viele, nämlich 7,5 Milliarden. Wissenschaftler schätzen, dass 2050 fast 10 Milliarden Menschen die Erde bewohnen werden.

# Wie geht es weiter mit der Welt?

Da die Weltbevölkerung wächst, brauchen wir mehr Getreide, Obst, Gemüse, Fleisch und andere Nahrungsmittel. Aber auch der Bedarf an Möbeln, Kühlschränken, Kleidung, Spielzeug, Handys und Autos wächst.
Solche Produkte werden mithilfe von Maschinen hergestellt, die mit Strom laufen. Strom wird in Kraftwerken gewonnen, oft durch das Verbrennen von Kohle oder Erdgas. Beim Verbrennen entsteht das Gas **Kohlendioxid,** abgekürzt **$CO_2$.** Auch die Abgase von Schiffen, Flugzeugen und Autos enthalten $CO_2$.

1 2 3

Das $CO_2$ bildet zusammen mit anderen Gasen eine Hülle um die Erdoberfläche. $CO_2$ lässt die Sonnenstrahlen auf die Erde, aber nur ein Teil der Strahlen gelangt zurück ins Weltall (1). Weil es immer mehr $CO_2$ gibt (2), gelangen immer weniger Sonnenstrahlen zurück ins All (3). Dadurch wird es auf der Erde wärmer.

*Pflanzen brauchen Wasser Dürren bedrohen die Ernten.*

Diese **Erderwärmung** verändert das **Klima:** In manchen Teilen der Welt gibt es mehr Regen oder Schnee, in anderen längere Trockenzeiten und Dürren. Schwere Wirbelstürme und andere Naturkatastrophen häufen sich.
An Nord- und Südpol schmilzt das Eis. Dadurch kommt es anderswo zu Überschwemmungen.

*Wenn die Gletscher an den Polen weiter schmelzen, könnten Inseln wie die Malediven im Indischen Ozean im Wasser versinken. Deren Bewohner hätten dann kein Zuhause mehr.*

# Für eine lebenswerte Welt: die Agenda 2030

Auf der Erde wird es immer wärmer, immer mehr Menschen brauchen immer mehr Nahrung und dann gibt es auch noch Streit in und zwischen einigen Ländern. Was können wir tun, damit die Welt lebenswert bleibt? Das überlegten sich alle Länder der Welt gemeinsam. Um gemeinsam daran zu arbeiten, haben sie sich zu den Vereinten Nationen zusammengetan.
In ihrer **Agenda 2030** vom September 2015 benennen sie 17 Ziele. Das Wort „Agenda" kommt aus dem Lateinischen und heißt „das zu Tuende". Die einzelnen Ziele erklären also, was bis zum Jahr 2030 getan werden muss, damit das Leben auf der Welt gut bleibt beziehungsweise besser wird.
Auf den folgenden Seiten lernst du alle 17 Ziele kennen. Dabei wirst du feststellen, dass alles miteinander zusammenhängt und es für viele Probleme keine einfachen Lösungen gibt.

### Was ist das?

Die **Vereinten Nationen** (abgekürzt UN für das englische „United Nations") sind ein Zusammenschluss von 193 Ländern. Die Mitglieder setzen sich für den Weltfrieden, den Schutz der Menschenrechte, der Umwelt und des Klimas ein und achten auf Gerechtigkeit zwischen den Ländern. Die UN-Mitarbeiter beraten die Regierungen und vermitteln zwischen den Ländern. Sie können aber kein Land zu etwas zwingen.

## Was ist das?

Ein **nachhaltiges Ziel** ist ein zukunftsfähiges Ziel, das langfristig funktioniert. Die Welt soll von allen Menschen so gestaltet werden, dass sie auf Dauer lebenswert und bewohnbar bleibt. Das ist wichtig, damit auch alle Kinder, die nach dir geboren werden, auf der Welt leben können.

*Schon das Zusammenleben mit wenigen Menschen ist nicht einfach. Du kannst dir also vorstellen, wie schwierig es ist, für Frieden und Gerechtigkeit auf der ganzen Welt zu sorgen.*

**Wir wollen eine lebenswerte Welt für jeden Menschen.**

# Ziel 1: Keine Armut

Viele Menschen auf der Welt sind arm. Sie haben zu wenig Geld, um sich Essen und Kleidung zu kaufen oder eine Ausbildung für ihre Kinder zu bezahlen. Wenn Menschen weniger als 1,90 US-Dollar am Tag verdienen, spricht man von **extremer Armut.** In den Ländern südlich der Wüste Sahara in Afrika sind mehr als ein Drittel aller Menschen extrem arm. Aber auch in anderen Ländern wie Brasilien oder Indien gibt es extreme Armut. Oft leben sehr arme und sehr reiche Menschen direkt nebeneinander, was es für die Armen noch schlimmer macht, da sie jeden Tag sehen, was sie nicht haben.

Menschen in Deutschland, die nicht arbeiten können oder nur wenig verdienen, unterstützt der Staat. Ihre Wohnungsmiete wird bezahlt und sie erhalten etwas Geld, um sich das Allernötigste zum Leben zu kaufen. Teure Kleidung, Kinobesuche und vieles andere können sie zwar nicht bezahlen, aber bei uns muss kein Mensch an Hunger sterben. Man nennt das **relative Armut.** Trotzdem fühlen sich viele Menschen schlecht, wenn sie sich weniger leisten können als die meisten um sie herum.

1 KEINE ARMUT

**Kein Mensch soll in Armut leben müssen.**

**Einsatz für eine gute Sache**

**Wir laufen für Mali**

Wir haben einen Film über ein Dorf in Mali gesehen, das ist ein Land in Afrika. Dort ist fast die Hälfte der Menschen sehr arm. Die Kinder müssen sich in einen winzigen Schulraum quetschen. Um ihnen zu helfen, haben wir uns einen Sponsorenlauf ausgedacht. Die Sponsoren mussten sagen, wie viel sie pro Runde spenden, die das Kind läuft, das sie unterstützen. Mama wollte 1 Euro pro Runde geben, Papa 2 und Onkel Hannes 5!! Am Sonntag um zehn ging es los. Ich wollte unbedingt zehn Runden schaffen. Irgendwann wurden meine Beine schwer. An die Kinder in Mali zu denken, hat mir geholfen, genau wie die vielen Eltern und Freunde, die uns angefeuert haben. So habe ich sogar zwölf Runden geschafft. Insgesamt sind fast 3000 Euro zusammengekommen. Davon kann in dem Dorf ein neues Schulgebäude gebaut werden. So einen Lauf machen wir jetzt jedes Jahr!

Von Luise, Klasse 5a

# Ziel 2: Kein Hunger

795 Millionen Menschen auf der Welt hungern, also ungefähr jeder neunte Mensch. Alle zehn Sekunden stirbt ein Kind, weil es zu wenig Essen bekommt. Die Hauptursache für den Hunger ist Armut. Auch Kriege und schlechte Ernten aufgrund von Dürren oder Überschwemmungen führen in armen Ländern zu Hunger.

Paul

Sophie

**Gute Sache!**

*Du arbeitest bei der* ***Tafel.*** *Was machst du da?*

Ich teile Essen aus.

*Und was bezahlen die Menschen dafür?*

Nichts. Wenn sie nur sehr wenig Geld haben, ist das Essen für sie hier umsonst.

*Cool. Und woher bekommt ihr das Essen?*

Das ist unterschiedlich. Die Bäcker schenken uns Brot und Brötchen vom Vortag, weil sie die nicht mehr verkaufen können. Die Supermärkte geben uns Obst und Gemüse, das sie nicht mehr verkaufen dürfen. Wenn wir es nicht verteilen, landet es im Müll, obwohl es noch essbar ist.

*Das gibt's ja gar nicht!*

Das haben sich die Erfinder der Tafeln auch gedacht. Wir haben so viel Essen in Deutschland, aber vieles wird weggeworfen, obwohl

*Rund 1,5 Millionen Menschen in Deutschland holen sich Essen bei Tafeln. Ein Drittel davon sind Kinder und Jugendliche.*

es noch gut ist. Das gibt man doch besser den Menschen, die nicht so viel Geld haben, um im Supermarkt einzukaufen.

*Ist das Essenverteilen dein Beruf?*

Nein, ich mache das **ehrenamtlich.** Drei Stunden in der Woche arbeite ich, ohne Geld dafür zu bekommen – wie alle hier. Einige Tafelmitarbeiter fahren auch durch die Stadt und holen die Lebensmittel ab. Die Transporter haben wir von **Spenden** gekauft.

*Dafür haben euch also Menschen Geld geschenkt?*

Ja. Ohne die Spenden wären die Tafeln gar nicht möglich.

**Was du tun kannst:**

- Lebensmittel, die du nicht essen kannst, kannst du anderen geben, statt sie verderben zu lassen und dann wegzuwerfen.

2 KEIN HUNGER

**Kein Mensch soll Hunger leiden müssen. Alle sollen sich gesund ernähren können!**

# Ziel 3: Gesundheit und Wohlergehen

Ausgerechnet in armen Ländern, wo viele Menschen wegen schlechter Ernährung, aber auch aufgrund von verschmutztem Wasser und fehlenden Toiletten krank werden, gibt es zu wenige Ärzte und Krankenhäuser. Kranke müssen oft lange Wege zurücklegen, um behandelt zu werden. In den Krankenhäusern fehlen Medikamente und Geräte. Jedes Jahr sterben 1,5 Millionen Kinder, die jünger als fünf Jahre sind, an Krankheiten, gegen die eine Impfung sie hätte schützen können.

**Gute Sache!** Damit mehr Menschen in armen Ländern geimpft werden, haben sich Unternehmen und Organisationen zusammengeschlossen. Sie bezahlen und organisieren **Impfprogramme.**

3 GESUNDHEIT UND WOHLERGEHEN

**Alle Menschen sollen gesund leben und sich über Krankheiten und Schutz vor Ansteckung informieren können. Sie sollen Medikamente erhalten und die Möglichkeit haben, einen Arzt oder ein Krankenhaus zu besuchen.**

## Gute Sache!

*Adil und seine Familie leben in Pakistan. Einige in seinem Dorf haben Polio, eine Krankheit, die zu Lähmungen führt. Oft sind Arme und Beine betroffen, aber es können auch Herz oder Lunge sein. Dann stirbt der Kranke.*

*Die Ärzte erklären den Dorfbewohnern, dass man sich mit einer Impfung gegen die Krankheit schützen kann. Und sie erklären ihnen, wie sie vermeiden können, sich mit anderen Krankheiten anzustecken.*

*Die Dorfbewohner werden geimpft. Den Polio-Impfstoff gibt es als Spritze oder als Tropfen zum Schlucken.*

*Adil ist erwachsen und hat gesunde Kinder. Wenn alle Menschen sich regelmäßig impfen lassen, kann eine Krankheit in einer Region für immer verschwinden.*

# Ziel 4: Gute Bildung

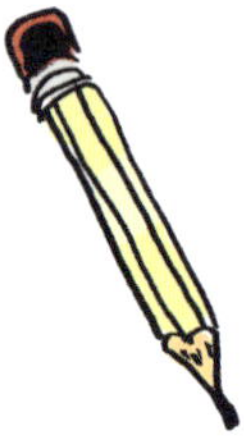

In vielen Teilen der Welt können arme Menschen nicht zur Schule gehen, einen Beruf erlernen oder eine Universität besuchen. Oft lernen Kinder nicht einmal Lesen und Schreiben. Manche Kinder gehen nicht zur Schule, weil es in ihrer Nähe keine gibt. Andere müssen arbeiten, weil das Geld, das ihre Eltern verdienen, nicht für die Familie reicht.

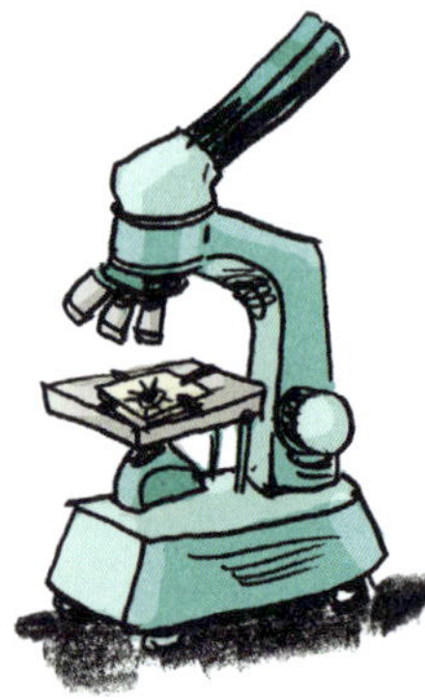

Eine gute Schulbildung ist überall auf der Welt eine wichtige Grundlage, um später ein gutes Leben zu führen. Je besser du lesen, schreiben und rechnen kannst und je mehr du weißt, desto größer ist deine Chance, eine Arbeit zu finden, die du gern machst und mit der du genug Geld zum Leben verdienst.

### Schulverbot für Mädchen

Das Mädchen Malala Yousafzai wuchs in einem Tal in Pakistan auf, wo es auch zur Schule ging. Doch 2007 übernahmen dort die Taliban, eine Terrorgruppe, die Macht. Sie stellten neue Regeln auf: Mädchen durften nicht mehr zur Schule und auch nicht ohne Schleier auf die Straße gehen, und Tanz und Musik wurden verboten. Die Taliban bedrohten alle Menschen mit dem Tod, die sich nicht an ihre Regeln hielten. Und sie zerstörten die Schulen. Über all das berichtete die damals 11-jährige Malala unter falschem Namen in einem Blog für einen englischen Radio- und Fernsehsender. Als Malala 14 Jahre alt war, erfuhren die Taliban ihren Namen. Sie überfielen das Mädchen und verletzten es lebensgefährlich. Zum Glück überlebte Malala. Fünf Monate lang wurde sie einem Krankenhaus in Großbritannien behandelt. Noch immer setzt Malala sich dafür ein,dass Mädchen überall auf der Welt in Schulen lernen dürfen.

**Gute Sache!** Weil Malala so mutig dafür gekämpft hat, dass sie und die anderen Kinder zur Schule gehen dürfen, bekam sie 2014 den **Friedensnobelpreis.**

4 HOCHWERTIGE BILDUNG

**Alle Menschen sollen Zugang zu guter Bildung bekommen. Denn Bildung bietet die Chance auf eine gute Arbeit und genug Geld zum Leben.**

# Ziel 5: Gleichberechtigung der Geschlechter

In keinem Land der Welt gibt es eine vollständige Gleichberechtigung aller Geschlechter, nicht einmal in Deutschland.

In einigen Ländern, etwa in Indien, aber auch in manchen Ländern Europas, werden Mädchen und junge Frauen von ihren Eltern zur Hochzeit gezwungen. Das passiert oft, wenn sie noch Kinder sind. Die jungen Ehefrauen gehen dann nicht weiter zur Schule und erhalten keine Ausbildung. Sie bleiben ihr Leben lang von ihrem Ehemann abhängig, weil sie kein eigenes Geld verdienen können. Täglich werden beinahe 40.000 Mädchen unter 18 Jahren zwangsverheiratet.

In vielen Ländern Afrikas schließen Mädchen nur die Grundschule ab. Danach müssen sie sich um den Haushalt kümmern und ihre jüngeren Geschwister oder die kranken Eltern betreuen. Für Schule oder Lernen bleibt ihnen keine Zeit. Um eine wirklich gute Arbeit zu bekommen, müssten sie länger zur Schule gehen.

Frauen und Männer sind gleich an Rechten und Würde! Aber in vielen Ländern gelten Frauen weniger als Männer. In China und Indien möchten manche Paare lieber Jungen als Mädchen bekommen. Ein Grund dafür ist, dass die Eltern der Braut den Eltern des künftigen Ehemanns oft viel Geld bezahlen, wenn er ihre Tochter heiratet.

Als deine Großeltern jung waren, durften Frauen nicht allein eine Wohnung mieten. Verheiratete Frauen durften in der Bundesrepublik Deutschland nur eine Arbeitsstelle annehmen, wenn ihr Ehemann zustimmte. Heute können Frauen selbst über ihr Leben bestimmen. Aber gleichberechtigt sind sie noch immer nicht, sie bekommen zum Beispiel für die gleiche Arbeit oft weniger Geld als Männer.

*Frauen und Mädchen müssen für ihre Rechte kämpfen.*

5 GESCHLECHTER-GLEICHHEIT

**Mädchen und Frauen sollen sich sicher fühlen können und dieselben Rechte haben wie Jungen und Männer.**

# Ziel 6: Sauberes Wasser

In vielen Ländern kommt das Wasser nicht aus der Leitung wie bei uns, sondern wird aus Flüssen, Seen oder selbst gegrabenen Brunnen geschöpft. 2015 mussten 663 Millionen Menschen ihr Trinkwasser aus solchen ungeschützten Quellen holen. Das sind mehr als doppelt so viele Menschen, wie in den Vereinigten Staaten von Amerika leben. Doch oft ist das Wasser verschmutzt. Wer es trinkt, kann leicht krank werden, da sich darin viele Bakterien tummeln. Diese winzig kleinen Lebewesen können Krankheiten wie Durchfall, Typhus oder Cholera auslösen. Auch Toiletten, Waschbecken und Duschen sind nicht selbstverständlich. Etwa 946 Millionen Menschen hatten 2015 keine Toilette, sondern mussten im Freien „aufs Klo gehen".

*In manchen Ländern kann man Wasser nur beim Wasserhändler kaufen – und das ist dann noch nicht mal sauber.*

## Gute Sache!

15. November 2016, Kampala, Uganda

Liebe Fiona,

du hast echt Glück. Du drehst bei dir in Berlin einfach den Wasserhahn auf und das Wasser kommt aus der Leitung. Wir mussten zum Wasserholen bis vor Kurzem zu einem Wasserhändler. Das war ein schmieriger Typ, der richtig viel Geld haben wollte. Aber jetzt gibt es bei uns im Viertel Kisenyi diese Wassersäule. Kannst du sie auf meinem Bild erkennen? Eure Regierung hat sich überlegt, wie wir bei uns in Kampala besseres Wasser bekommen. Wenn ich eine Wertmarke in den Schlitz werfe, sprudelt das Wasser aus der Säule. Und es kostet viel weniger als beim Wasserhändler. Der muss sich jetzt einen neuen Job suchen ☺ Das Tollste ist: Das Wasser ist sauber! Seit die Säule da ist, haben meine Geschwister und ich fast nie mehr Bauchweh.

Ich freue mich, wenn du mir bald wieder schreibst.

Alles Liebe! Deine Mary

*Das Wasser aus der Wassersäule ist sauber und bezahlbar.*

**Alle Menschen sollen sauberes Trinkwasser und eine Toilette haben sowie die Möglichkeit, sich zu waschen.**

# Ziel 7: Bezahlbare und erneuerbare Energie

Kohle, Erdöl und Erdgas werden in Kraftwerken verbrannt, um **Strom** zu gewinnen. Diese Art der Stromgewinnung ist keine Lösung für die Ewigkeit, denn irgendwann werden alle Vorräte dieser Brennstoffe aufgebraucht sein. Außerdem entsteht beim Verbrennen eine Menge $CO_2$, und das beschleunigt den Klimawandel. Atomkraftwerke erzeugen Strom, indem Atomkerne gespalten werden. Dabei entsteht Atommüll, dessen Strahlen tödliche Krankheiten verursachen. Bei Unfällen in Atomkraftwerken wie zuletzt in Fukushima in Japan können diese gefährlichen Strahlen in die Umwelt gelangen.

**Gute Sache!** Jamal aus Indien: „Wir haben keinen Strom in unserem Haus. Aber es gibt jetzt in der Nähe einen Kiosk mit Solarzellen auf dem Dach. Dort ist es möglich, für wenig Geld kleine Geräte aufzuladen. Deshalb kann ich jetzt auch ein Handy benutzen."

*Die Solarzellen verwandeln Sonnenstrahlen in Strom.*

**Gute Sache!** Viele Länder nutzen immer mehr **erneuerbare Energien:** Sie gewinnen Strom mithilfe von Wind, Wasser oder Sonne. Dabei entstehen weder $CO_2$ noch gefährliche Strahlung, und diese Energiequellen sind auch nicht irgendwann aufgebraucht. Auch die Hitze des Erdinneren, die **Geothermie,** wird genutzt: entweder direkt zum Heizen oder zum Erzeugen von Strom.

### Was du tun kannst:

- Wenn du Geräte wie zum Beispiel Computer oder Drucker nicht mehr brauchst, schaltest du sie am besten ganz aus, da sie auch im Stand-by-Modus Strom verbrauchen.

*Auf der Insel Island versorgen sich die Bewohner ausschließlich mit Wärme und Strom aus erneuerbaren Energien. Sie nutzen Wasserkraft und Geothermie.*

7 BEZAHLBARE UND SAUBERE ENERGIE

**Wir wollen für alle bezahlbare Energie, die nachhaltig ist und unsere Welt nicht schädigt.**

# Ziel 8: Gute Arbeitsplätze und wirtschaftliches Wachstum

Vielen Menschen ist beim Einkaufen am wichtigsten, dass die Waren wenig kosten. Um günstige Produkte anzubieten, produzieren viele Unternehmen ihre Waren so billig wie möglich. Deshalb wird ein großer Teil der Kleidung in Ländern hergestellt, in denen Menschen für weniger Lohn arbeiten als in Deutschland. Dazu gehört Bangladesch. In den Fabriken dort arbeiten die Menschen häufig an jedem Tag der Woche 14 bis 16 Stunden lang für einen Lohn, von dem sie kaum leben können. Außerdem sind die Arbeitsbedingungen sehr schlecht und oft auch gefährlich. Wer zum Beispiel ohne Mundschutz mit giftigen Chemikalien arbeitet, wird leicht krank.

*Die Arbeit mit giftigen Chemikalien gefährdet die Gesundheit der Menschen. Oft fehlen ihnen auch Schutzmasken, Sicherheitsschuhe und Handschuhe.*

**MORGENPOST**

### Textilfabrik in Bangladesch eingestürzt

Beim Einsturz der Fabrik Rana Plaza in Sabhar am 24. April 2013 starben 1.138 Menschen. Ungefähr 2.500 Fabrikarbeiterinnen wurden verletzt. Am Tag vor dem Einsturz hatte die Polizei das Gebäude gesperrt, weil Risse entdeckt worden waren. Trotzdem zwangen die Fabrikbetreiber die Arbeiterinnen, ihren Dienst anzutreten. Sie drohten den Angestellten, die nicht zur Arbeit kämen, mit Kündigungen.

*In vielen Firmen wird nicht ausreichend auf Sicherheit geachtet.*

*Hier siehst du, wer wie viel Geld an einem billigen T-Shirt verdient. Obwohl es das T-Shirt ohne die Näherin nicht gäbe, bekommt sie nur 13 Cent für ihre Arbeit.*

**Alle Menschen sollen eine Arbeit haben, von der sie leben können, und einen Arbeitsplatz, der menschenwürdig ist.**

# Ziel 9: Industrie, Innovation und Infrastruktur

### Was ist das?

**Industrie:** Produktion von Dingen in sehr großen Mengen und mit Maschinen in Fabriken
**Innovation:** neue Ideen entwickeln und sie in die Tat umsetzen
**Infrastruktur:** Dinge, die für das Zusammenleben von Menschen wichtig sind, wie Straßen, Busse und andere öffentliche Verkehrsmittel, Schulen, Kindergärten, Spielplätze, Müllabfuhr, Krankenhäuser, Museen oder Schwimmbäder

Immer mehr Menschen leben in Städten. Oft sind die Wege zum Arbeitsplatz, zu Freunden oder Verwandten zu weit, um zu Fuß zu gehen. Darum haben viele ein Auto. Die Motoren von Autos und Lkw verschmutzen die Luft mit **Feinstaub** und produzieren $CO_2$ und viele andere schädliche Abgase.

### Gute Sache!

Diese Teil-Autos gibt es an vielen Stationen in der ganzen Stadt.

Anna leiht sich zum Einkaufen ein kleines.

Ein großes für den Flohmarkt.

Und es gibt sogar ein Cabrio für den Sommerausflug!

9 INDUSTRIE, INNOVATION UND INFRASTRUKTUR

**Wir wollen eine Infrastruktur, die den Menschen gibt, was sie brauchen. Die Industrie soll umweltfreundlich und nachhaltig werden.**

# Ziel 10: Weniger Ungleichheit

Beim Vergleich, wie viel Geld Menschen haben und wie sie miteinander leben, findest du große Unterschiede zwischen einzelnen Ländern. Und auch innerhalb eines Landes gibt es diese Unterschiede. Manche Familien fahren zum Beispiel zweimal im Jahr in den Urlaub, andere können nie verreisen. Um mehr Gleichheit zu schaffen, gibt es in Deutschland für arme Menschen Möglichkeiten sich weiterzubilden, wie etwa Musikkurse.

Lina

**Gute Sache!**

Ich finde es so cool, dass du in unsere Stadt gezogen bist.

Am Anfang fand ich's nicht so cool. Aber seit ich dich kenne …

Übrigens, es klappt: Du kannst morgen mit zu uns zum Essen kommen. Es gibt nur ein Problem … Ich muss noch Querflöte üben. Tut mir echt leid. Hab gestern schon nicht.

Emma

Du spielst Querflöte? Da kann ich doch zuhören, ich liebe Musik. Ich wünschte, ich könnte auch ein Instrument spielen.

Verstehe ich nicht. Wo ist das Problem?

Hallo? Das ist ja nicht billig. Also erst mal das Instrument. Und dann noch der Unterricht.

Aber es gibt doch so tolle Musikprojekte, die richtig günstig sind. Bei denen kannst du dich bewerben, wenn du ein Instrument spielen willst. Der Unterricht im ersten Jahr kostet nichts, glaub ich. Und später auch nicht sooo viel. Kinder, deren Eltern nur wenig Geld haben, müssen fast gar nix bezahlen.

So was gab's an unserer Schule nicht. Da könnte ich ja vielleicht auch … Also, ich würde ja am liebsten Gitarre lernen. Geht das auch?

Bestimmt. Lasse aus der 4b macht das. Wir fragen morgen unseren Musiklehrer Herrn Stöver, der kennt sich damit aus.

Juhu! Und wenn ich dann spielen kann, gründen wir 'ne Band. Das war schon immer mein Traum.

10 WENIGER UNGLEICHHEITEN

**Alle Menschen sollen die gleichen Chancen haben.**

# Ziel 11: Nachhaltige Städte und Gemeinden

Andere Länder bauen ganz anders als wir. In armen Ländern etwa können sich viele Menschen nur wackelige Hütten leisten, die bei einem Erdbeben leicht einstürzen.
In den meisten Großstädten pusten Verkehr und Industrie **Abgase** in die Luft. Unter der hohen Luftverschmutzung leiden die Bewohner. Nur an wenigen ruhigen und grünen Orten mit sauberer Luft finden die Menschen dort Erholung.

**Gute Sache!** Kannst du dir vorstellen, aus alten Plastikflaschen ein Haus zu bauen? Hört sich verrückt an, aber es funktioniert. Gleich große Flaschen werden mit Sand, Schlamm oder Lehm gefüllt (Bild 1), aufeinandergelegt (Bild 2) und durch Zement zu einer Mauer verbunden. (Bild 3). Zuletzt werden die Wände noch mit Zement bestrichen – man nennt das Verputzen – und fertig ist das

1

2

3

Haus. Es hält sogar starken Erdbeben stand. Außerdem hat ein Plastikflaschenhaus noch weitere Vorteile. Die Flaschen landen nicht auf dem Müll. Der Hausbau verursacht einen viel geringeren Ausstoß von $CO_2$, denn man muss keine Ziegelsteine brennen. Und auch arme Menschen können sich so ein Haus leisten.

**Gute Sache!** Im Ruhrgebiet entstehen Fahrrad-Autobahnen, etwa auf der alten Bahnstrecke bei Bochum. Wo früher Züge Erz transportierten, aus dem dann Eisen hergestellt wurde, können sich heute Stadtbewohner im Grünen erholen.

*Cool und praktisch: Fahrradwege auf stillgelegten Bahnstrecken*

**Wir wollen Städte und Siedlungen, in denen alle zusammen gut, sicher und nachhaltig leben.**

# Ziel 12: Verantwortungsvoller Konsum

Blog von NOShoppingQueen, 22. Oktober, 09:01 Uhr
Vor Kurzem hat in Hamburg ein neuer Laden eröffnet: Stückgut. Alles ohne Verpackung: Nudeln und Reis, Lakritz, Olivenöl und Vanillepuddingpulver. Echt cool!

happy2030, 22. Oktober, 09:04 Uhr
Bei uns in Berlin gibt's so einen Laden auch. Wie wenig Müll ich jetzt habe, ist wirklich mega.

Frau Schlau, 22. Oktober, 09:06 Uhr
Habt ihr gewusst, dass Plastik ewig braucht, bis es verrottet? Ein Styroporbecher braucht 50 Jahre, eine Plastikflasche sogar 450! Und schon 2014 gab es 17,8 Millionen Tonnen Verpackungsmüll. KRASS!

## Was du tun kannst:

- Warte mit dem Kauf eines neuen Handys, bis dein altes kaputt ist.
- Versuche, so viele Produkte wie möglich ohne Kunststoffverpackung zu kaufen.

- Du kannst gebrauchte Klamotten vom Flohmarkt oder aus dem Second-Hand-Laden kaufen – oder sie mit deinen Freunden tauschen.
- Wenn du beim Einkaufen darauf achtest, wo und wie etwas hergestellt wurde, kannst du aktiv etwas gegen schlechte Arbeitsbedingungen wie Kinderarbeit und die Ausbeutung armer Länder tun.

## Was ist das?

**Konsum:** Verzehr oder Verbrauch von Dingen, um Bedürfnisse wie Essen oder Kleidung zu befriedigen.
**Verantwortungsvoller Konsum bedeutet:** Du kaufst Dinge nicht einfach nach Lust und Laune, sondern hast beim Kauf im Blick, welche Folgen dein Konsum für die Umwelt oder andere Menschen hat.

ZERRO, 22. Oktober, 09:11 Uhr

Schaut euch mal den Müll-ist-für-Loser-Blog von Lauren Singer an: Trash is for tossers. Sie kriegt das echt gut hin mit dem Zero Waste.

flamingo, 22. Oktober, 09:13 Uhr

Zero Waste?

happy2030, 22. Oktober, 09:14 Uhr

Kein Müll. Lauren Singers Müll von vier Monaten passt in ein Einweckglas.

flamingo, 22. Oktober, 09:18 Uhr

Wie macht sie das???

happy2030, 22. Oktober, 09:22 Uhr

Kauft auch vieles ohne Verpackung, also zum Beispiel keine Getränke in Aludosen, Plastik- oder Pappbechern. Wär doch toll, wenn irgendwann alle Wegwerfbecher aus Kinos, Cafés und Bahnhöfen verschwunden sind.

**Produkte sollen möglichst umweltschonend hergestellt und verkauft werden.**

# Ziel 13: Maßnahmen zum Klimaschutz

Die größte Gefahr für unser Weltklima ist der $CO_2$-Ausstoß.

**$CO_2$-Ausstoß im Jahr:**

*Ein Deutscher verursacht durchschnittlich 8,9 Tonnen.*

*Ein Amerikaner durchschnittlich 17 Tonnen.*

*1,9 Tonnen pro Mensch oder weniger würden das Klima nicht belasten.*

Damit die Folgen der Erderwärmung nicht zu schlimm werden, darf die Temperatur auf der Erde nicht um mehr als 2 Grad Celsius steigen. Noch besser wären nur 1,5 Grad Celsius. Das können wir erreichen, indem wir dafür sorgen, dass so wenig $CO_2$ wie möglich in die Luft gelangt.

**Der Klimawandel soll bekämpft werden, um Menschen und Natur vor den Folgen der Erderwärmung zu schützen.**

## Der $CO_2$ - Fußabdruck

Du kannst herausfinden, wie viel $CO_2$ durch dein Verhalten in die Luft gelangt. Wie groß dein $CO_2$ - Fußabdruck ist, hängt unter anderem davon ab, wie viel Strom du verbrauchst, welche Produkte du kaufst, was du isst oder wie du dich fortbewegst. Im Internet findest du Links, um deinen persönlichen $CO_2$ - Fußabdruck zu ermitteln, etwa www.fussabdruck.de oder www.footprint-deutschland.de.

## Schlecht fürs Klima:

Exotisches Obst wird meist mit dem Schiff nach Deutschland geliefert. Manchmal kommt es aber mit dem Flugzeug aus dem Süden, wie zum Beispiel einige Mangos. Sie werden direkt vor dem Abflug reif geerntet, damit sie gleich gegessen werden können.

## Was du tun kannst:

- Du kannst vor allem Obst und Gemüse kaufen, das in der Nähe deines Wohnorts geerntet wurde. Das musste nicht weit transportiert werden. Wenn du Appetit auf Bananen, Mangos oder andere exotische Früchte hast, dann kaufe keine, die mit dem Flugzeug eingeflogen wurden.

- Wenn du im Urlaub radelst und zeltest, produziert nur der Gaskocher ein wenig $CO_2$.
- Gut fürs Klima ist auch eine Bahnreise. Dabei gelangt um zwei Drittel weniger $CO_2$ in die Luft als beim Autofahren.

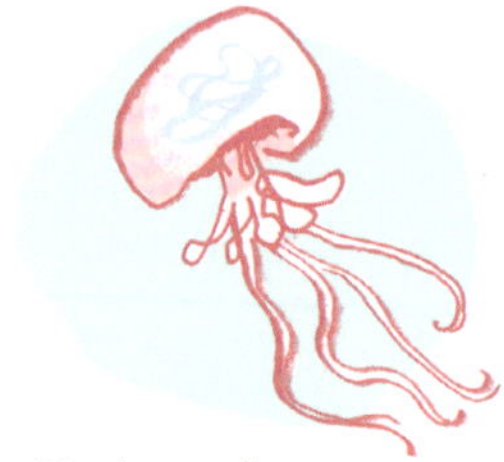

# Ziel 14: Leben unter Wasser

Die Tiere im Meer sind in Gefahr. Wenn zu viele Fische gefangen werden, können sie sich nicht mehr ausreichend vermehren. Das nennt man Überfischung. Es kann sogar sein, dass eine Fischart dadurch ausstirbt. Außerdem leiden die Tiere unter der Verschmutzung der Meere. Mehr als 6,4 Millionen Tonnen Müll landen jedes Jahr in den Meeren. Drei Viertel davon sind Kunststoffe. Vor allem Plastikflaschen und Plastiktüten schwimmen im Wasser, aber auch Mikropartikel - das sind winzige Kunststoffteilchen, die mit bloßem Auge kaum zu erkennen sind. Sie sind in einigen Duschgels, Cremes und anderen Produkten enthalten. Fische, Delfine und andere Meerestiere fressen die Kunststoffteile. Ihr Magen ist voll und sie fühlen sich satt. Aber weil diese Plastikteilchen keine Nährstoffe enthalten, verhungern die Tiere. Delfine und Schildkröten sterben außerdem, wenn sie sich in riesigen Fischnetzen verfangen und nicht zum Luftholen an die Wasseroberfläche schwimmen können.

## Was du tun kannst:

- Kaufe Fisch möglichst aus **nachhaltiger Fischerei.** Verpackungssiegel geben darüber Auskunft.
- Versuche, so wenige Kunststoffprodukte wie möglich zu kaufen.
- Auf der Website des Naturschutzverbands BUND findest du eine Liste mit Produkten, die Mikropartikel enthalten.

Beim Duschen werden die Mikropartikel ins Abwasser gespült.

Die Mikropartikel gelangen in die Kanalisation.

Weil sie so klein sind, schlüpfen sie durch die Filter der Kläranlage, die Schmutz aus dem **Abwasser** filtern, und gelangen in den Fluss.

Mit dem Flusswasser treiben die Mikropartikel ins Meer.

Fische fressen die Kunststoffteile. Sie haben einen gefüllten Magen und fühlen sich satt, verhungern aber, weil sie Plastik statt Nahrung im Bauch haben.

**Wir wollen die Ozeane, Meere und das vielfältige Leben darin bewahren.**

# Ziel 15: Leben an Land

Damit alle Menschen ein Dach über dem Kopf haben, müssen immer mehr Wohnungen und Häuser gebaut werden. Dadurch werden Ortschaften und Städte größer.
Wegen der wachsenden Bevölkerungszahl benötigen wir mehr Nahrung. Um mehr Gemüse und Obst anbauen zu können, brauchen die Landwirte mehr Platz. So schrumpfen die Flächen für Wiesen und Wälder und damit auch der Lebensraum von Tieren und Pflanzen. Viele Bauern schützen ihre Pflanzen zudem mit Gift, sogenannten Pestiziden, vor Insekten und anderen kleinen Lebewesen, die sich von den Pflanzen ernähren. Diese Pestizide töten auch Bienen und andere Tiere.

**Gute Sache!** Weil es auf dem Land immer weniger Bienen gibt, haben Menschen begonnen, in Städten Bienenvölker anzusiedeln. Sie stellen Bienenkästen in Parks oder Gärten auf. Einer dieser Hobby-Imker ist Henry Hummel aus Hamburg.

Paul

*Schon schräg, so ein Bienenvolk auf der* ***Dachterrasse.*** *Wie kamst du auf die Idee?*

Ich war bei einer Freundin in Paris, die hatte diesen leckeren Honig von den Bienen in ihrem

Henry Hummel

Garten, mmmmhhh.

*Bienen ernähren sich ja von Pollen und Nektar. Finden sie in Städten überhaupt genug davon?*

Klar, hier gibt es doch jede Menge Grünflächen mit Blumen: Parks, Kleingärten, Friedhöfe und immer mehr begrünte Dächer.

*Und hast du gar keine Angst vor den Bienen?*

Nur am Anfang hatte ich Angst und wenig Ahnung.
Die Leute vom Imkerverband haben mir geholfen. Mittlerweile weiß ich so viel über Bienen, dass ich mit einigen Schülern eine kleine Schulimkerei aufgebaut habe. Die Schüler hatten auch erst Angst. Aber jetzt wissen sie, dass Bienen nicht gefährlich, sondern interessant sind. Und ihr Honig ist richtig lecker.

*Oh ja, der Honig. Den möchte ich jetzt unbedingt probieren!*

**Unsere Landschaften sollen geschützt werden, um ihre Vielfältigkeit zu erhalten und die Arten, die hier leben, vor dem Aussterben zu bewahren.**

# Ziel 16: Frieden, Gerechtigkeit und starke Institutionen

Wir alle leben in Gemeinschaften. In der Familie, in der Schule, in unserem Land, in einer Staatengemeinschaft. Ohne Regeln funktioniert keine Gemeinschaft und kein Zusammenleben. Wenn du zum Beispiel Fahrrad fährst, musst du bestimmte Regeln beachten, um Unfälle zu vermeiden. Regeln gibt es auch für Gesellschaftsspiele wie *Uno* oder *Mensch ärgere dich nicht!* und für Wettkämpfe im Sport. Unparteiische Schiedsrichter passen auf, dass die Regeln eingehalten werden. Regeln dienen dazu, dass es gerecht zugeht, denn sie sind für alle gleich. Damit das Zusammenleben funktioniert, müssen sich alle an Regeln halten.

*Justitia, die Göttin der Gerechtigkeit*

## Was ist das?

Eine Institution ist eine Einrichtung, die den Menschen nützt, zum Beispiel ein Gericht. Gesetze sind Regeln, die geschaffen wurden, damit das Zusammenleben der Menschen in einem Staat funktioniert. **Gerichte** sind Institutionen, die Recht sprechen. In einem Gerichtsprozess entscheiden Richter, wer laut Gesetz recht hat. Richter müssen unparteiisch und unabhängig sein: Sie sollen ihr Urteil unbeeinflusst davon treffen, was sie selbst oder andere gut finden.

Wenn Gerichte unabhängig entscheiden, sind sie starke Institutionen, die mit ihrer Arbeit Gerechtigkeit sichern.

16 FRIEDEN, GERECHTIGKEIT UND STARKE INSTITUTIONEN

**Wir wollen, dass es überall unabhängige Gerichte gibt, die für Gerechtigkeit sorgen, damit alle Menschen auf der Welt in Frieden leben können.**

# Ziel 17: Partnerschaften für die Ziele

In deinem Umfeld gilt: Wenn in deiner Familie, Clique oder Sportmannschaft jeder das tut, was er gut kann, den anderen respektiert, bereit ist, zu teilen und auch mal nachzugeben, lassen sich Wünsche und Ziele besser erreichen als allein. Das Miteinander zwischen Ländern und das Lösen von Problemen zwischen zwei oder mehreren Ländern funktionieren ähnlich. Bei Armut, Klimawandel oder Ungleichheit ist das genauso. Je mehr einzelne Menschen, Organisationen und Länder bereit sind, gemeinsam etwas gegen Armut, Klimawandel, Ungleichheit und weitere Probleme zu tun, desto mehr können sie erreichen.

**Gute Sache!** Nordrhein-Westfalen unterstützt in seinem afrikanischen Partnerland Ghana ein Trinkwasserprojekt. Forscher an einer deutschen Universität haben ein Gerät entwickelt, das Keime aus Wasser filtert und so für sauberes Trinkwasser sorgt. Das Tolle daran: Das Gerät kann wie ein Rucksack getragen und darum auch an Orten benutzt werden, wo kein Auto hinkommt. Mit diesem „Portable Aqua Unit for Lifesaving“ (deutsch: tragbare lebensrettende Wassereinheit), kurz PAUL, können Kinder in der Schule sauberes Wasser trinken.

Finn

Hey, was geht?

Mach gerade Pause, ist schließlich schon 2 Uhr mittags.

Krass, bin gerade aufgestanden, hier ist es 8 Uhr morgens. Und, wie ist La Paz?

Im Moment vor allem: warm.

Hätte ich auch gern. Wie heißt das genau, was du machst? (Wollte meine Mutter wissen.)

Freiwilligendienst. Dabei kannst du auf der ganzen Welt arbeiten und anderen Menschen helfen.

Und was ist genau dein Job?

Ich arbeite in einem Skatepark mit, genau mein Ding. Die Leute sind hier viel lockerer als bei uns. Aber schreib mal, was bei euch so geht.

Ach, alles wie immer. Oh Mist, muss los ...

Louis

17 PARTNERSCHAFTEN ZUR ERREICHUNG DER ZIELE

**Um unsere Ziele für eine bessere Welt durchzusetzen, wollen wir mit Partnern auf der ganzen Welt zusammenarbeiten.**

# Lexikon

## A

**Abgase** Gase, die als Abfallprodukt entstehen, wenn etwas verbrannt wird, etwa Benzin im Motor. Abgase sind meistens schädlich für die Umwelt.

**Atomkern** Der Kern eines Atoms. Atome sind winzige Teilchen. Aus ihnen besteht alles auf der Erde, sogar die Luft. Bei der Spaltung eines Atomkerns in einem Atomkraftwerk wird viel Energie freigesetzt und in Strom umgewandelt.

## B

**Blog** Die Abkürzung von Weblog, dem englischen Wort für Internet-Tagebuch.

## C

**Carsharing** Englisch für „Auto teilen". Mehrere Leute nutzen innerhalb einer Organisation nach festgelegten Regeln gemeinsam ein oder mehrere Autos. Als Mitglieder der Organisation können – im Gegensatz zum Mieten eines Autos bei einer Autovermietung – die Fahrzeuge auch nur für kurze Zeit benutzen und direkt an mehreren über die Stadt verteilten Stationen abholen. Die Kosten werden zum Beispiel nach der Zeit, den gefahrenen Kilometern und/oder dem Benzinverbrauch berechnet.

## E

**Ehrenamt** Eine Arbeit, die freiwillig verrichtet wird, ohne bezahlt zu werden – im Gegensatz zur Arbeit, für die Lohn gezahlt wird.

## F

**Feinstaub** Winzige Staubteilchen, die in die Lunge des Menschen gelangen und dort Entzündungen und andere Krankheiten verursachen können. Feinstaub ist unter anderem in Abgasen von Fabriken und Dieselmotoren enthalten.

**Friedensnobelpreis** Wichtigster Friedenspreis der Welt. Mit ihm werden Menschen ausgezeichnet, die sich für den Frieden eingesetzt haben. Er wird jedes Jahr am 10. Dezember verliehen, am Todestag des Erfinders und Geschäftsmanns Alfred Nobel. Die Preisträger erhalten heute etwa 820.000 Euro.

## I

**Institution** leitet sich vom lateinischen Begriff „instituere“ ab, was „verwalten, einrichten, anordnen“ bedeutet, und bezeichnet öffentliche oder staatliche Einrichtungen, die einen bestimmten Zweck verfolgen und lange Zeit bestehen sollen. Das sind etwa Schulen oder Universitäten oder Gerichte. Aber auch die Ehe oder das Grundgesetz sind Institutionen, weil sie bestimmte Verhaltensregeln festlegen.

## K

**Klima** Das Wetter in einem bestimmten Gebiet über einen Zeitraum von ungefähr 30 Jahren. Wenn sich das Wetter über längere Zeit verändert, heißt das Klimawandel.

**Kinderrechte** Kinder sind bis zu ihrer Volljährigkeit abhängig von der Fürsorge und dem Schutz durch die Erwachsenen. Zusätzlich zu den Menschenrechten gelten darum für sie Kinderrechte, die sie vor Ausbeutung und Gewalt schützen. Außerdem haben sie ein Recht auf Freizeit, Bildung und Spiel.

## M

**Menschenrechte** sollen Menschen schützen und allen die gleichen Chancen garantieren, ganz gleich welchem Volk, Staat, Geschlecht oder welcher Religion jemand angehört. Jeder Mensch hat das Recht, selbst über sein Leben zu bestimmen. Die Mitgliedsstaaten der Vereinten Nationen haben sich verpflichtet, die Menschenrechte zu schützen. Allerdings halten sich nicht alle Mitgliedsstaaten daran.

**Menschenwürde** Alle Menschen sind gleich viel wert, egal wie alt sie sind, wo sie herkommen, welches Geschlecht sie haben oder woran sie glauben.

## N

**Nährstoffe** Stoffe, die der Mensch zum Leben braucht, etwa Fett, Zucker, Eiweiß und Vitamine. Wer einen Nährstoff über längere Zeit nicht zu sich nimmt, wird krank.

## O

**Organisation** Eine Gruppe von Menschen, die sich zusammengeschlossen haben, um gemeinsam ein Ziel zu verfolgen oder eine Aufgabe zu erledigen.

## R

**Regierung** Politiker, die einen Staat leiten. Sie tragen Verantwortung dafür, dass es den Bewohnern des Staates gut geht.

## S

**Staat** Ein umgrenztes Gebiet, das von einer Regierung geleitet wird. Gesetze regeln das Zusammenleben der Menschen in einem Staat.

## T

**Taliban** Eine Terrorgruppe. Die Taliban herrschen vor allem in Afghanistan mit Gewalt und verbreiten Angst, indem sie Menschen unterdrücken, bedrohen und töten.

## W

**Wirtschaftswachstum** Wenn die Menschen in einem Staat insgesamt immer mehr Geld verdienen und der Staat dadurch viel für seine Bewohner tun kann, etwa Schulen, Spielplätze und Kindergärten bauen. Gleichzeitig steigt die Zahl der Arbeitsplätze bei wachsendem Wohlstand. Wirtschaftswachstum ist nicht automatisch gut für alle. Es kann zum Beispiel sein, dass nicht alle am Wohlstand teilhaben.

# Ziele für nachhaltige Entwicklung